I0792026

2

Mères, Filles, Femmes A travers les siècles

ESSAI

Josiane Francés

A MA MÈRE,

Elle nous a donné la vie
En acceptant de souffrir,
Elle nous a soignés,
Nous a entourés de son affection.

Elle, toujours présente, toujours à notre écoute,
Quand le père partait travailler,
Ou qu'il devait s'absenter,
Souvent hospitalisé.

Elle qui savait gérer sa maison
En toutes circonstances,
Elle qui partageait tout avec nous,
Ses joies comme ses peines,

Elle qui pleurait désespérément
Lorsque notre père jaloux
La questionnait sur un improbable amant,
Un improbable rendez-vous,

Elle qui aimait les plantes, les fleurs,
Les oiseaux, les grillons, le jardin,
Le chant, la danse, le dessin,
Elle qui adorait les félins,

Cette fée du logis qui nous habillait
Avec un coupon de tissu, quelques pelotes de laine,
Et d'une boîte d'emballage
Faisait une maison de poupée,

Elle qui a toujours su gérer son budget,
Capable de se priver si l'argent manquait,
Elle, l'âme de la maison,

6

Cette mère que tous nous aimons.
Josiane Francés 2017

EPOQUE PREHISTORIQUE

Dans les sociétés primitives les hommes et les femmes étaient nécessairement solidaires. Leur complémentarité était liée à leurs différences biologiques (anatomie) et c'est ensemble qu'ils ont su s'adapter aux conditions climatiques et faire face aux agressions d'animaux sauvages ou d'humains venus d'autres tribus.

Comme chez les animaux la survie de l'espèce humaine, sa reproduction, a dépendu de la rencontre et de la fusion homme/femme (mâle/femelle), de leur accouplement.

A partir de ce déterminisme biologique le rôle de chacun s'est différencié.

La faculté de donner naissance et la durée de la grossesse, prédisposaient naturellement la femme à s'occuper des enfants, à les nourrir et à les éduquer. L'homme préhistorique était, grâce à la chasse et la cueillette, pourvoyeur de nourriture et il défendait son territoire contre les agressions extérieures en combattant. Cette division des tâches conférait à l'homme comme à la femme des rôles spécifiques, à l'identique de ceux que l'on observe chez les autres mammifères.

Cependant les tâches masculines nécessitant virilité et force physique, elles ont donné à l'homme de l'ascendant sur la femme dont la constitution était plus fragile. Dans l'acte sexuel déjà l'attitude du mâle était celle du dominant et s'apparentait à la chasse : comme les animaux il devait éloigner les autres mâles de la femelle qu'il convoitait et c'est par la force qu'il la soumettait à ses désirs.

La femme se retrouvait donc objectivement en situation d'infériorité par rapport à l'homme. Au cours des siècles celui-ci a tiré avantage de sa force physique pour dévaloriser voire mépriser sa compagne, devenue symbole de fragilité et de faiblesse.

Antiquité

Dans l'antiquité grecque

(VIIIème siècle avant J.C) l'homme avait une place dominante par rapport à la femme dans la cité :

La femme pouvait s'occuper de la maison, du culte, mais elle ne pouvait ni voter ni se faire élire. Dans l'Iliade et l'odyssée, œuvre d'Homère, Ulysse entreprend un voyage initiatique pendant plusieurs mois tandis que sa femme Pénélope reste sagement au foyer. Pénélope est l'incarnation de l'idéal féminin de l'époque, elle symbolise la fidélité.

L'infidélité masculine était tolérée mais pas celle de la femme.

Les clubs d'hommes excluaient les femmes.

La femme était plus éloignée du pouvoir politique que les étrangers et les esclaves.

Le pouvoir dans la société grecque était exercé par un patriarcat.

Dans l'Egypte antique :

Contrairement à l'antiquité grecque et romaine la femme est reconnue comme complémentaire de l'homme, on loue son intelligence.

La femme est l'égale de l'homme et souvent elle gouverne, comme ce fut le cas de Cléopâtre. Plusieurs femmes de sang royal on été des pharaons. Les femmes peuvent être hauts fonctionnaires ou médecins. Elles peuvent avoir des biens propres, la capacité juridique entière leur est reconnue, et elles ont le droit de divorcer.

DANS LA ROME ANTIQUE :

Le père (pater familias) avait droit de vie ou de mort sur ses enfants jusqu'au IVème siècle avant JC. Il éliminait à la naissance les filles cadettes et les garçons chétifs.

La fille qui survivait était sous l'autorité du père, puis du mari. Elle prenait le prénom du père et était considérée mineure. Elle devait rester au foyer et devait retourner vivre chez son père après un veuvage ou un divorce.

APPORT DU CHRISTIANISME

Les récits de la vie du Christ sont éloquents sur la façon de traiter la femme en Judée à son époque : on y lapidait les femmes adultères.

Rejetant les vieux principes de la loi du Talion ("œil pour œil, dent pour dent") Jésus a enseigné à ses disciples le "pardon" et la tolérance.

A cette époque les hommes détenaient seuls le savoir : Jésus, enfant précoce intellectuellement, avait été admis dans le cercle de discussion des docteurs et des théologiens, ce qui ne pouvait être toléré de la part d'une fille ni d'une femme.

Jésus aime et respecte sa mère Marie ; il fait confiance à Marie Madeleine, il pardonne à la femme adultère que les hommes lapidaient conformément à la loi de Moïse.

Plus tard la religion catholique a voué un culte à Marie, mère du Christ, certes, mais elle l'honora pour sa" virginité". Ce <u>paradoxe</u> qui divise les chrétiens distingue la mère du Christ de la femme ordinaire (impure) et l'élève au rang d'exception, de sainteté, donnant naissance à un enfant exceptionnel (divin) sans acte d'amour charnel. La religion catholique qui privilégiait l'esprit, la spiritualité par rapport au corps, a non seulement idéalisé Marie, elle a aussi contraint les prêtres et les religieuses au célibat, à la négation de leur matérialité corporelle (à partir du XIIème siècle).

Par opposition les chrétiens protestants refusent d'admettre le "mystère" de la virginité de Marie et ne lui vouent aucun culte. Leur pratique religieuse les rapproche du commun des mortels par l'acceptation du mariage des pasteurs et la possibilité donnée aux femmes de devenir pasteur(e)s également.

Les catholiques, <u>pour garder le pouvoir</u> (il n'y avait pas de séparation entre l'église et l'état), oubliaient volontiers le message de tolérance du Christ. Ce schisme a été source de guerres fratricides entraînant le massacre de nombreux protestants.

Cependant, en toute objectivité, il faut reconnaître que la religion catholique est une des rares religions monothéistes qui, à travers le personnage de Marie, accorde un rôle essentiel à une femme, la mère de Jésus, symbole d'amour, de miséricorde. La religion juive, bien que misogyne, exalte aussi l'image de la mère. L'islam, au contraire exclut totalement la femme de la spiritualité.

De nos jours, dans le contexte de la crise des vocations sacerdotales l'église manque de prêtres et accepte que la messe soit dite par des diacres, hommes ou femmes, appartenant à la société civile.

La question du célibat des prêtres n'est cependant pas résolue et il n'est pas rare que des abus sexuels soient commis par des religieux sur des enfants. Si les catholiques revenaient sur l'obligation du célibat des prêtres ce serait pour eux renoncer à une aberration, mais cela remettrait en cause un principe fondamental de leur dogme : la thèse du <u>primat de l'esprit sur le corps.</u>

C'est cette négation du corps qui a diabolisé les femmes, leur enveloppe charnelle étant source de tentation et de plaisir. Ainsi la femme était-elle déjà fautive parce qu'elle avait un corps et le plaisir charnel était en soi un acte blâmable pour les défenseurs du dogme. Si bien qu'en Occident le corps des femmes est resté dissimulé sous des vêtements longs jusqu'au début du XXème siècle.

Au Moyen Age

Le Moyen Age est une époque charnière. La femme y subit de mauvais traitements car elle est assimilée à un produit de Satan, à la tentation.

Mais la littérature du Moyen Âge dévoile un changement d'attitude à l'égard des femmes : on les courtise, adoration charnelle qui n'a rien à voir avec l'adoration de la Vierge.

Les chansons des troubadours célèbrent les charmes de la femme (amour courtois). Le clergé lui-même succombait à la tentation comme Juan Ruiz, archiprêtre de Hita en Espagne (*libro de buen amor*). Comme toujours dans l'église deux tendances s'affrontent : les séculiers et les réguliers. Les prêtres et diacres séculiers n'hésitent pas à prendre des concubines tandis que les ordres monastiques réguliers (les moines ayant fait vœu de chasteté) pratiquent la mortification, le châtiment corporel, pour exorciser le démon de la chair.

Plus tard, au XVIIème siècle, on étudie dans les salons « la carte du tendre », représentation géographique imaginaire de la conduite amoureuse (exemple de « drague » courtoise). Les hommes retrouvaient leur part de fragilité, de sensibilité face aux charmes et à la coquetterie féminins.

Les femmes aristocrates s'affirmaient intellectuellement dans les salons mais elles étaient toujours écartées de la carrière politique. Les femmes du peuple devaient fidélité à leur époux et n'avaient aucun droit.

LIVRE DU BON AMOUR

Écrit par Juan Ruiz, archiprêtre de Hita, au XIVe siècle.

Dans ce livre de poésies l'archiprêtre de Hita (Espagne) fait l'éloge de l'amour charnel en décrivant les femmes qu'il a aimées. Il rend hommage à leurs charmes et confesse qu'il a pêché.

Bien sûr au préalable il prend quelques précautions vis-à-vis des dignitaires de l'église : pour racheter ses fautes il implore le pardon de Dieu et de la Vierge en début de livre et se justifie en citant Aristote, philosophe de l'antiquité grecque.

« *Aristóteles dijo, y es cosa verdadera,*
Que el hombre por dos cosas trabaja: la primera
Por el sustentamiento, y la segunda era por conseguir
Unión con hembra placentera.
Si lo dijera yo, se podría tachar,
Mas lo dice un filósofo, no se me ha de culpar
De lo que dice el sabio no debemos dudar,
Pues con hechos se prueba su sabio razonar.
Que dice verdad el sabio claramente se prueba;
Hombres, aves y bestias, todo animal de cueva
Desea por natura siempre compaña nueva
Y mucho más el hombre que otro ser que se mueva.
Digo que más el hombre pues otras criaturas
Tan sólo en una época se juntan, por natura;
El hombre en todo tiempo sin seso y sin mesura,
Siempre que quiere y puede hacer esa locura.
Prefiere el fuego estar guardado entre ceniza,
Pues antes se le consume cuanto más se le atiza;
El hombre cuando peca bien ve que se desliza
Más por naturaleza en el mal profundiza.
Yo, come soy humano, y por tal pecador,
Sentí por las mujeres, a veces, gran amor.
Que probemos las cosas no siempre es lo peor;
El bien y el mal sabed y escoged lo mejor."

Traduction

« Aristote dit, et c'est chose véridique,
Que l'homme travaille pour deux raisons :
La première pour se nourrir,
Et la seconde pour pouvoir s'unir à une belle femelle.
Si c'était moi qui le disais on pourrait m'accabler,
Mais c'est un philosophe qui le dit,
On ne peut pas me le reprocher.
Nous ne devons pas douter de ce que dit un sage,
Car la véracité de son raisonnement est prouvée par
des faits ;
Les hommes, les oiseaux et les bêtes, tous les animaux
de la création cherchent toujours naturellement une
jeune femelle,
Et l'homme beaucoup plus que toute autre créature
vivante.
Et je dis l'homme beaucoup plus,
 Parce que les autres créatures ne s'accouplent
naturellement que pendant une période de l'année,
Tandis que l'homme toujours insensé et sans limite
s'adonne à ce plaisir quand il veut et toutes les fois
qu'il peut.
Il vaut mieux protéger la flamme entre les cendres,
 Car elle se consume plus vite quand on l'attise.
L'homme quand il pêche comprend bien qu'il
s'enfonce ;
Mais il s'entête tout naturellement à faire le mal.
Moi, comme je suis un être humain et un grand
pêcheur,
 J'ai éprouvé quelques fois un grand amour pour les
femmes.

24

*Le pire ce n'est pas toujours de goûter les choses ;
Goûtez le bien et le mal et choisissez le meilleur des
deux. »*

DU XVIII ᴱᴹᴱ SIECLE A NOS JOURS

Hommage à Marguerite Yourcenar

Ecrivain et académicienne
1903-1987

Les hommes et les femmes doivent-ils continuer à vivre sur les traces d'Abel et Caïn, à se disputer et se déchirer au lieu de chercher à trouver l'harmonie, la paix ?

Je rends hommage à la sagesse de Marguerite Yourcenar, à son bon sens, notamment par rapport à sa critique du « féminisme » lorsqu'il préconise, par esprit de revanche, de remplacer une domination (celle du mâle) par une autre domination (celle de la femme). Pour Marguerite Yourcenar les hommes et les femmes sont des êtres humains dotés des mêmes capacités. Les femmes ont eu raison de se battre pour défendre leur droit à l'égalité souvent contesté mais elles doivent se méfier des « modèles » excessifs dans lesquels le monde de l'économique voudrait les cantonner : celui de la femme objet ou celui de la femme virile qui veut faire carrière comme un homme. Chacun de ces modèles est antinomique et s'inscrit dans des schémas de réussite économique peu soucieux des qualités humaines.

DOCUMENTS D'ARCHIVES

(3 émissions télévisées consultables dans You Tube)

Réflexions de Marguerite Yourcenar (1981) sur la condition féminine et l'équilibre des relations hommes/femmes

https://youtu.be/F0N3EofaqkM

https://youtu.be/EH70vjRo1OQ

https://youtu.be/-jAOK0vdoUE

RÔLE DE L'ÉCOLE ET DE LA FAMILLE

La différence de statut social entre l'homme et la femme résulte donc à la fois de leur différente adaptation biologique au milieu environnemental - liée au développement physique particulier de chacun (anatomie)- et du rôle de l'éducation (initiation) apportée par leur famille ou leur communauté et par l'école... De sorte que le jeune garçon est amené à couper le lien affectif qui l'unissait à sa mère plus tôt que la fille. Le jeune garçon aura donc conscience très tôt de sa force physique par rapport à la fille et de son statut privilégié. Les préjugés sont véhiculés et entretenus par la communauté et parfois même par l'école.

En France l'école laïque, école de la république, déploie des efforts constants pour éduquer les jeunes par rapport à une question qui les préoccupe mais qui reste souvent tabou : la sexualité. Dans ce cas précis l'école démystifie -en cours de sciences naturelles ou biologie et avec l'aide technique de personnels de santé- la sexualité différente des garçons et des filles pour les aider à mieux se connaître et se comprendre à une période très importante de leur vie, celle qui précède leurs premiers rapports sexuels.

Bien sûr l'école est le produit des institutions d'un pays. Les enseignements qu'elle diffuse sont le reflet de l'idéologie dominante et des options politiques du pays.

LES FEMMES ET LE TRAVAIL

Or les choix politiques découlent souvent des contraintes économiques. Pendant les guerres les femmes ont dû assumer le rôle économique de leur mari parti au combat pour subvenir à leur famille.

Dans les pays occidentaux le travail des femmes a commencé à se développer à l'époque de la révolution industrielle c'est à dire au XIXème siècle (cf. Le roman d'Emile Zola : Germinal). C'est grâce à cette conquête de l'économique par le travail que les femmes ont acquis la plupart de leurs droits. Et ça ne s'est pas fait en un jour. Qui dit "travail" dit "luttes sociales", syndicalisation. La cause des femmes a été défendue et le code du travail s'est enrichi de textes protégeant la maternité (congés spéciaux, allocations familiales, points pour la retraite...).

Dans les familles les hommes ont peu à peu accepté de partager les tâches ménagères et l'éducation des enfants, d'autant plus qu'avec la crise économique, ils ont dû faire face à des périodes de perte d'emploi.

L'INTELLIGENCE FÉMININE

Les scientifiques ont prouvé avec les tests de quotient intellectuel pratiqués sur des hommes et des femmes que les personnes des deux sexes sont dotées du même degré d'intelligence.

Traditionnellement l'homme avait développé son sens de l'orientation dans l'espace grâce à la chasse, contrairement à la femme, dont l'intelligence pratique s'est développée à partir de ses activités domestiques plus sédentaires.

Les femmes semblent avoir une intelligence plus intuitive que les hommes.

On a cru longtemps que les femmes n'avaient pas d'avenir dans les carrières scientifiques à cause de leurs difficultés en mathématiques. Les études récentes démontrent que c'est faux. Qu'elles aient perdu confiance en elles à cause de la situation d'infériorité dans laquelle les hommes les ont maintenues à travers les siècles ne leur enlève en rien leurs capacités intellectuelles.

L'exemple de Marie Curie, prix Nobel de Physique, est celui d'une femme dont le savoir scientifique bien que supérieur ou égal à celui de beaucoup d'hommes n'a pu être admis sans difficultés de la part de ses congénères masculins. Face à la <u>concurrence</u> d'une femme nos savants hommes manquaient nettement d'objectivité. Il faut dire que peu de femmes se lançaient dans la recherche scientifique à cette époque ; c'était donc un phénomène nouveau qui dérangeait les chercheurs hommes, non seulement pour le prestige procuré par la reconnaissance d'une découverte scientifique, mais aussi par les gains financiers tirés de la commercialisation de son brevet.

Ainsi l'ambition masculine et l'appât du gain sont responsables de ce manque de tolérance et de reconnaissance vis-à-vis des femmes.

Dans les cités des banlieues populaires les filles studieuses sont souvent l'objet de moqueries de la part des garçons quand elles ne se font pas agresser. Les garçons n'admettent pas qu'une fille réussisse mieux qu'eux, qu'elle ait de la personnalité, qu'elle s'éloigne des schémas traditionnels.

Bon gré mal gré, les femmes trouvent progressivement leur juste place dans la société, et cela grâce à leur intelligence, leur pragmatisme. Même si elles ont acquis tard leur autonomie, elles savent se prendre en charge et concilier la vie de famille avec la vie professionnelle. Ainsi beaucoup de carrières réservées jadis aux hommes se sont ouvertes aux femmes, notamment dans la banque et l'assurance, la magistrature, la police, l'armée, la médecine ou les postes d'encadrement et de direction dans l'administration…

L'enseignement compte plus de professeurs femmes que d'hommes.

Les droits acquis par les femmes

Cette évolution ne doit pas nous faire oublier la situation de la femme avant qu'elle n'obtienne la majorité civile, le droit de vote, alors qu'elle était soumise à l'autorité du père ou du mari. Souvenons-nous de la lutte pour le droit à l'avortement (sans cesse remis en question), à la contraception, à l'accouchement indolore.

Désormais, à partir des années soixante dix, les femmes ont droit au plaisir comme les hommes (du moins en théorie), elles peuvent décider du moment opportun pour avoir un enfant et au XXIème siècle elles ne souffrent plus pendant l'accouchement.

38

<u>Historique du droit des femmes</u>[1]

Les droits des femmes n'ont réellement commencé à évoluer en France qu'il y a quelques décennies.

1791: Olympe de Gouges rédige la «Déclaration des droits de la femme et de la citoyenne »

1792: La loi permet le divorce par consentement mutuel

1804: Le code civil prévoit que : « le mari doit protection à la femme, la femme doit obéissance à son mari »

1850: Création obligatoire d'écoles de filles dans les communes de 800 habitants (loi Falloux)

1903: Marie Curie reçoit le prix Nobel de physique

1920: La loi assimile la contraception à l'avortement qui est considéré comme un crime

---

[1] Document du CNIDFF (Centre national d'information des droits des femmes et de la famille)

1924 : Uniformisation des programmes scolaires masculins et féminins et création d'un baccalauréat unique

1938 : Suppression de l'incapacité juridique de la femme mariée

1944 : Droit de vote et d'éligibilité pour les femmes.

1946 : suppression de la notion de « salaire féminin »

1956 : Fondation de « la maternité heureuse » qui devient en 1960 Mouvement Français pour le Planning Familial

1965 : Les femmes mariées peuvent exercer une profession sans l'autorisation de leur mari.

1967 : Loi Neuwirth autorise la contraception

1970 : L'autorité parentale remplace la puissance paternelle

1972 : - Reconnaissance du principe « à travail égal, salaire égal ». - L'école polytechnique devient mixte : 8 femmes sont reçues

1974 : Françoise Giroud première secrétaire d'état à la condition féminine

1975 : – Loi Veil pour l'Interruption Volontaire de Grossesse - IVG

- Réintroduction dans la loi du divorce par consentement mutuel

1976 : La mixité devient obligatoire pour tous les établissements scolaires publics

1980 : Marguerite Yourcenar est la première femme élue à l'Académie française

1981 : Yvette Roudy est ministre déléguée des droits de la femme

1982 : L'IVG est remboursée par la Sécurité sociale

1983 : Loi Roudy pose le principe de l'égalité professionnelle entre les femmes et les hommes

1984 : Le congé parental est ouvert à chacun des parents

1991 : Édith cresson première femme premier ministre

1993 : - La loi du 8 janvier affirme le principe de l'exercice conjoint de l'autorité parentale à l'égard de tous les enfants, quelle que soit la situation des parents (mariés, concubins, divorcés, séparés).

– Loi Neiertz : condamnation de l'entrave à l'IVG

1999: Création du PACS (pacte civil de solidarité)

2000 : Mise en œuvre d'une politique globale d'égalité des chances dans le système éducatif

2000 : Promulgation de la première loi sur la parité politique

2001 : Augmentation du délai légal de l'IVG de 10 à 12 semaines

2002 : - Création du congé de paternité

-    Reconnaissance de l'autorité parentale conjointe + garde alternée + coparentalité - L'enfant peut porter le nom de ses deux parents

2003 : Loi instaurant la prestation d'accueil du jeune enfant (PAJE)

2004 : La loi du 26 mai relative au divorce introduit la procédure d'éviction du conjoint violent.

2005 : La loi du 12 décembre relative au traitement de la récidive des infractions pénales donne la possibilité au juge pénal d'ordonner à l'auteur de violences de résider hors du domicile ou de la résidence du couple.

2006 : – Loi du 4 avril renforçant la prévention et la répression des violences au sein du couple ou commises contre les mineurs : ajout le partenaire "pacsé" et les "ex" au titre des circonstances aggravantes.

- Introduction de la notion de respect dans les obligations du mariage

- Alignement de l'âge légal du mariage pour les garçons et les filles à 18 ans

- Loi relative à l'égalité salariale entre les femmes et les hommes.

2008 : - Inscription dans la Constitution de « l'égal accès des femmes et des hommes aux mandats électoraux

Et fonctions électives, ainsi qu'aux responsabilités professionnelles et sociales ».

2010 : Vote de la loi relative aux violences faites spécifiquement aux femmes, aux violences au sein des couples et aux incidences de ces dernières sur les enfants : création de l'ordonnance de protection des victimes et du délit de harcèlement moral au sein du couple.

2012 : Vote de la Loi n° 2012-954 du 6 août 2012 relative au harcèlement sexuel.

2014 : Vote de la Loi n°2014-873 du 4 août 2014 pour l'égalité réelle entre les femmes et les hommes

2016 : Vote de la Loi n° 2016-444 du 6 avril 2016 visant à renforcer la lutte contre le système prostitutionnel et accompagner les personnes prostituées.

LES OBSTACLES A L'EMANCIPATION DES FEMMES

L'IGNORANCE PAR RAPPORT A LA SEXUALITE :

La sexualité étant un sujet tabou, les jeunes gens glanaient plutôt des informations auprès de leurs ainés que de l'école. Cette forme d'apprentissage appelée « initiation » se chargeait de perpétuer la tradition par le bouche à oreille ou la lecture de manuels d'éducation sexuelle dont la vente était quasi confidentielle. L'ignorance était la cause de grossesses survenues précocement, pendant le temps des études.

LES FRUSTRATIONS SEXUELLES :

Généralement les hommes victimes de privations sexuelles sont susceptibles de commettre des viols et même des crimes. Oubliant que la véritable origine de leurs souffrances réside dans leur éducation, ils rendent les femmes responsables de leur mal être. D'où la nécessité d'humaniser les rapports hommes/femmes en démystifiant les tabous et en tolérant les commerces du sexe (de façon réglementée) pour calmer les tensions.

L'INTEGRISME RELIGIEUX ET LES MENTALITES CONSERVATRICES

Comme toujours les religieux traditionnalistes représentent l'opposition la plus farouche à toute évolution du statut de la femme, et c'est le cas dans toutes les religions. Les pays à faible développement économique sont les plus perméables aux idées traditionnalistes.

DANS LES PAYS DU MAGHREB

Les conditions de vie des hommes et des femmes rappellent celles qu'ont connues les peuples primitifs. En temps de paix la division des tâches domestiques rend l'activité des femmes indispensable dans les campagnes comme en ville. Elles s'occupent des travaux agricoles et de l'éducation des enfants et suppléent les anciens (ascendants au foyer). Les hommes peuvent exercer des travaux agricoles, vendre dans les souks ou travailler comme journaliers car le travail est rare et irrégulier. Dans le désert ils gardent les troupeaux de chèvres jusqu'à la nuit. Les femmes assurent dans les villes et les villages des travaux minutieux d'artisanat. Tout cela relève de l'économie traditionnelle et c'est admis depuis des siècles.

Mais là où les hommes et les femmes sont concurrents c'est dans les grands centres industriels comme Hassi Messaoud en Algérie (activité pétrolière par exemple) où le travail est plus rémunérateur. En 2010 de nombreuses femmes seules travaillant sur cette plateforme ont été lynchées pendant plusieurs nuits à leur domicile sur incitation des religieux de la mosquée. En 2016 on a constaté une recrudescence des violences sexuelles faites aux femmes au Maroc, violences qui avaient lieu le plus souvent dans les lieux publics, notamment dans les entreprises. Les femmes marocaines prenaient souvent modèle sur les européennes.

L'apparition d'un état islamique en Syrie (DAESH) qui pratique la guerre sainte et terrorise les populations en multipliant les attentats meurtriers, fait à nouveau basculer les pays du Moyen Orient et d'Afrique dans l'archaïsme des pratiques intégristes.

En Asie

La pauvreté oblige les familles à prostituer leurs filles dès leur jeune âge au péril de leur vie (propagation du SIDA).

En Chine la politique de l'enfant unique a dangereusement ralenti la natalité en éliminant cruellement les bébés filles et en privant ce pays de population féminine à tel point que les enlèvements de femmes dans les pays voisins sont devenus fréquents, aussi bien pour les mariages que pour la prostitution. L'Inde, où la population est souvent de confession musulmane, s'illustre tristement avec les viols collectifs de femmes dans les transports en commun et le lynchage des femmes adultères. La haine contre la femme est telle que les hommes n'hésitent pas à la mutiler ou à la tuer car le crime ne sera pas puni.

EN FRANCE

Le monde est traversé par un vent de folie et notre pays n'est pas épargné. La cohésion de la communauté est fragilisée depuis l'accueil massif de milliers de réfugiés de Syrie ou d'autres pays mis en fuite par les exactions des jihadistes.

Ici la responsabilité de la crise est rejetée sur les fonctionnaires, les retraités, les chômeurs, les immigrés... et bien sûr les femmes.

Cependant, c'est indéniable la France a fait beaucoup pour le droit des femmes (cf. : Historique du droit des femmes). Mais il y a toujours un décalage entre les droits théoriques et l'usage qui en est fait. Les mentalités font de la résistance comme le prouve le refus de certains médecins de pratiquer des IVG. Dans les entreprises les techniques du management continuent à provoquer des situations de harcèlement moral et de « burn out ».

Telle est la barbarie, la folie qui s'empare du monde aujourd'hui, et les barbares refusent l'évolution de la société en s'appuyant sur les religions pour légitimer leurs actes et pour tenir leur pouvoir de Dieu, tout comme nos anciens monarques de droit divin.

Les gouvernants s'efforcent de faire respecter la laïcité et favorisent la parité hommes/femmes dans les instances représentatives. Mais doit-on se contenter d'une égalité formelle, quantitative ? L'égalité de compétences, tout à fait possible mais plus difficile à mettre en place, doit être recherchée par souci d'efficacité.

FAIRE ÉVOLUER LA MORALE

L'acte sexuel est un acte naturel : il n'est ni impur, ni immoral en soi mais il ne doit pas s'accompagner de violence. L'amour est l'opposé de la guerre.

Libérer la sexualité c'est obtenir une société pacifique, équilibrée.

Les frustrations sexuelles sont à l'origine de la violence des hommes contre les femmes, et ce d'autant que le sexe mâle a des besoins biologiques forts (pulsions), notamment à la puberté : viols, crimes, relations pathologiques...

Les viols de jeunes filles dans les collèges par des adolescents ne sont pas rares. Dans ce cas il ne s'agit pas à proprement parler de frustration car les auteurs sont des jeunes à peine pubères, or le sentiment de frustration résulte de l'absence prolongée de rapports pendant plusieurs mois, voire plusieurs années. Ce sont plutôt des pulsions provoquées par l'abondance du flux hormonal à l'adolescence, associées soit à la curiosité des premiers rapports soit à un manque d'éducation.

Dans la vie sexuelle d'une femme les hommes doivent respecter trois périodes difficiles : l'enfance, la puberté et la ménopause.

Les filles, tout comme les garçons, ne doivent pas être traumatisés par l'acte d'amour. Chacun doit apprendre à respecter son partenaire.

Les filles aussi doivent pouvoir éprouver du plaisir et s'épanouir grâce à l'acte d'amour.

Il ne faut pas oublier que le plaisir ressenti aux zones érogènes a des répercussions sur l'équilibre psychique, la santé mentale. L'absence de plaisir est source de dépression.

56

RETROUVER LA CONVIVIALITÉ, LA PAIX

Que l'on soit croyant(e) ou non croyant(e), pratiquant(e) ou non, il est bon de se rappeler quelques principes simples que nous dicte la sagesse, le bon sens populaire, et de les honorer :

- Tu ne tueras point,
- Aime ton prochain comme toi-même,
- Le mariage ou tout autre type d'union maritale ne donne à aucun des deux partenaires le droit de s'approprier l'autre ni de le rendre esclave.
- Le ou la partenaire doit pouvoir garder sa liberté (déclaration des droits de l'homme et du citoyen).

- Le respect mutuel des deux partenaires est indispensable.
- Tolérer la différence de personnalité de la part du partenaire.
- Savoir que toute passion est éphémère et qu'une véritable amitié dure toute la vie.
- Si l'homme souhaite avoir plusieurs compagnes il doit tolérer la même chose de sa femme si tel est son souhait (et réciproquement).
- La réussite de l'un comme de l'autre doit réjouir le partenaire moins chanceux car elle bénéficie au couple.
- L'entraide et la compréhension sont nécessaires pendant toute la durée du couple.
- Se séparer équitablement si les mésententes persistent.
- L'autre doit être perçu comme complémentaire et non comme concurrent.

Le concept d'égalité parfaite entre homme et femme est absurde. Il est la négation de l'amour car chez l'autre c'est la différence qui nous séduit.

- Reconnaître la valeur personnelle de son partenaire.

Si la haine est à bannir de la part de l'homme, elle n'est pas plus tolérable de la part de la femme. Les hommes comme les femmes doivent abandonner l'idée d'un pouvoir à conquérir sur leur partenaire du sexe opposé.

CONCLUSION

Les hommes et les femmes ont toujours œuvré ensemble, ils ont toujours été complémentaires. C'est leur force physique qui a donné aux hommes une position dominante dans la société : ils chassaient et faisaient la guerre. Les femmes, plus fragiles, ont toujours eu besoin de leur protection et elles se sont inclinées, acceptant cette domination qui leur semblait naturelle. Mais les hommes ont souvent abusé de leur pouvoir, les traitant comme des êtres immatures et frivoles, dotés d'une intelligence mineure. Ils n'ont pas hésité à les châtier lorsqu'elles tentaient de s'affirmer. Sous l'influence de Jésus Christ la religion catholique a donné du pouvoir spirituel à une femme, Marie, mère de Jésus, renversant l'ordre établi. Mais les vieilles idées feront de la résistance au sein même de l'église catholique longtemps après la mort du Christ, car les religieux (toujours des hommes dans la hiérarchie de l'église) étaient plus jaloux de leur pouvoir que de la philosophie de leur messie.

Cependant la civilisation a évolué et malgré l'autorité et le pouvoir patriarcaux les femmes sont parvenues à imposer leurs vues au fil des siècles, comme cela avait été le cas dans l'antiquité égyptienne.

L'école a commencé à ouvrir la brèche en donnant aux filles l'accès au savoir.

Là elles ont appris à rivaliser intellectuellement avec les garçons, et se sont illustrées d'abord en littérature (cf. les précieuses de Molières) et dans le monde des arts. Les femmes du peuple, elles aussi, ont tourné le dos à la vie domestique en acceptant de travailler comme ouvrières dans l'industrie naissante au XIXème siècle. Les jeunes femmes des villes découvraient qu'elles pouvaient subvenir à leur famille autrement que par des travaux de ménage ou de couture et la nécessité d'un salaire d'appoint devenait cruciale.

Un nouveau partage du travail se mettait en place au bénéfice des femmes, même si elles étaient toujours traitées sur un plan d'infériorité par rapport aux hommes. Cette nouvelle division du travail inquiète les hommes et souvent les déstabilise comme en témoigne l'œuvre d'Emile Zola (L'assommoir) où le père de famille sombre dans l'alcoolisme.

C'est leur insertion dans le monde du travail qui permettra aux femmes de conquérir de nouveaux droits, au XXème siècle notamment. Elles auront accès à presque tous les métiers et seront de plus en plus représentées dans les plus hautes fonctions : management, encadrement...banque, assurance.

Les femmes européennes ont fait leurs preuves et ce ne serait plus possible pour elles de revenir en arrière, de retrouver la domination du père, des frères ou du mari, comme le préconisent les intégristes musulmans. En effet le fossé s'est creusé entre les conditions de vie des musulmans et celles des occidentaux. Les pays du Maghreb stagnent sous le poids des traditions tandis que l'Occident ne cesse d'évoluer. Même les pays d'Asie se tournent vers l'avenir. Les femmes marocaines, sous l'influence européenne, se rebellent et refusent le retour à la tradition qui les brimait. Aussi les hommes deviennent violents afin de décourager toute velléité de révolte. Dans ces sociétés c'est la femme qui fait la révolution ; les hommes ne contestent pas un monde qui les favorise. La religion n'est qu'un prétexte dans ces querelles hommes/femmes. La vrai raison est le besoin des hommes de s'accaparer le pouvoir dans la société et de le perpétuer localement. L'état islamique, par contre, a de plus grandes ambitions, puisqu'il a des visées impérialistes. Il veut rétablir l'ordre ancien et il fait la guerre « sainte » pour étendre sa domination sur les pays voisins.

Si les femmes européennes ont quasiment rallié les hommes à leur cause, les visées impérialistes et belliqueuses de l'EI sont inquiétantes pour les femmes de tous les pays.

Un homme civilisé, équilibré, peut se raisonner et s'amender ; mais un jihadiste est un fanatique religieux, un homme endoctriné à l'extrême, qui ne connait pas le doute. Sa folie lui dicte des actes excessifs, barbares, meurtriers pour les autres et pour lui-même. Il est au service d'une idéologie dévastatrice machiste qui fait des femmes ses premières victimes.

TABLE DES MATIERES

Imprimé par Amazon
Dépôt légal : décembre 2017
Prix : 8,50 €

www.ingramcontent.com/pod-product-compliance
Lightning Source LLC
Chambersburg PA
CBHW031156250726
48655CB00002B/989